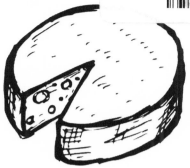

This Journal Belongs to:

_____

_____

_____

Notes

CHEESE NAME: _____

ORIGIN: _____

PRODUCER: _____

AGED: _____ **DATE:** _____ **PRICE:** _____

MILK:

☐ COW ☐ GOAT ☐ SHEEP ☐ RAW ☐ OTHER

TEXTURE:

☐ RUNNY ☐ SOFT ☐ SEMI-SOFT

☐ SEMI-FIRM ☐ FIRM ☐ HARD

NOTES: _____

_____

CHEESE CHARACTERISTICS
(MARK AN X ON ARROWED LINE - LESS ON LEFT TO MORE ON RIGHT)

SHARP ————————————————→

PUNGENT ———————————————→

EARTHY ————————————————→

SALTY —————————————————→

SPICY —————————————————→

SWEET ————————————————→

LACTIC ————————————————→

LINGERING ——————————————→

BUTTERY ———————————————→

NUTTY —————————————————→

TOASTY ————————————————→

HERBACEOUS ————————————→

GRASSY ————————————————→

———— ———————————————→

———— ———————————————→

RATING: ☆ ☆ ☆ ☆ ☆   **BUY AGAIN:** __YES __NO

Notes

CHEESE NAME: _____

ORIGIN: _____

PRODUCER: _____

AGED: _____ **DATE:** _____ **PRICE:** _____

MILK:
☐ COW ☐ GOAT ☐ SHEEP ☐ RAW ☐ OTHER

TEXTURE:
☐ RUNNY ☐ SOFT ☐ SEMI-SOFT
☐ SEMI-FIRM ☐ FIRM ☐ HARD

NOTES: _____
_____

CHEESE CHARACTERISTICS
(MARK AN X ON ARROWED LINE - LESS ON LEFT TO MORE ON RIGHT)

SHARP ⟶

PUNGENT ⟶

EARTHY ⟶

SALTY ⟶

SPICY ⟶

SWEET ⟶

LACTIC ⟶

LINGERING ⟶

BUTTERY ⟶

NUTTY ⟶

TOASTY ⟶

HERBACEOUS ⟶

GRASSY ⟶

_____ ⟶

_____ ⟶

RATING: ☆ ☆ ☆ ☆ **BUY AGAIN:** __YES __NO

Notes

CHEESE NAME: _____

ORIGIN: _____

PRODUCER: _____

AGED: _____ **DATE:** _____ **PRICE:** _____

MILK:
☐ COW   ☐ GOAT   ☐ SHEEP   ☐ RAW   ☐ OTHER

TEXTURE:
☐ RUNNY   ☐ SOFT   ☐ SEMI-SOFT
☐ SEMI-FIRM   ☐ FIRM   ☐ HARD

NOTES: _____
_____

CHEESE CHARACTERISTICS
(MARK AN X ON ARROWED LINE - LESS ON LEFT TO MORE ON RIGHT)

SHARP ——————————————————▶

PUNGENT ——————————————————▶

EARTHY ——————————————————▶

SALTY ——————————————————▶

SPICY ——————————————————▶

SWEET ——————————————————▶

LACTIC ——————————————————▶

LINGERING ——————————————————▶

BUTTERY ——————————————————▶

NUTTY ——————————————————▶

TOASTY ——————————————————▶

HERBACEOUS ——————————————————▶

GRASSY ——————————————————▶

_____ ——————————————————▶

_____ ——————————————————▶

RATING: ★ ★ ★ ★ ☆   **BUY AGAIN:** __YES __NO

Notes

CHEESE NAME: _____

ORIGIN: _____

PRODUCER: _____

AGED: _____ **DATE:** _____ **PRICE:** _____

MILK:

☐ COW ☐ GOAT ☐ SHEEP ☐ RAW ☐ OTHER

TEXTURE:

☐ RUNNY ☐ SOFT ☐ SEMI-SOFT

☐ SEMI-FIRM ☐ FIRM ☐ HARD

NOTES: _____

_____

CHEESE CHARACTERISTICS

(MARK AN X ON ARROWED LINE - LESS ON LEFT TO MORE ON RIGHT)

SHARP ———————————————➤

PUNGENT ———————————————➤

EARTHY ———————————————➤

SALTY ———————————————➤

SPICY ———————————————➤

SWEET ———————————————➤

LACTIC ———————————————➤

LINGERING ———————————————➤

BUTTERY ———————————————➤

NUTTY ———————————————➤

TOASTY ———————————————➤

HERBACEOUS ———————————————➤

GRASSY ———————————————➤

——— ———————————————➤

——— ———————————————➤

RATING: ☆ ☆ ☆ ☆ ☆   **BUY AGAIN:** __YES __NO

Notes

CHEESE NAME: _____

ORIGIN: _____

PRODUCER: _____

AGED: _____ **DATE:** _____ **PRICE:** _____

MILK:

☐ COW   ☐ GOAT   ☐ SHEEP   ☐ RAW   ☐ OTHER

TEXTURE:

☐ RUNNY   ☐ SOFT   ☐ SEMI-SOFT

☐ SEMI-FIRM   ☐ FIRM   ☐ HARD

NOTES: _____

_____

CHEESE CHARACTERISTICS

(MARK AN X ON ARROWED LINE - LESS ON LEFT TO MORE ON RIGHT)

SHARP ————————————————————▶

PUNGENT ————————————————————▶

EARTHY ————————————————————▶

SALTY ————————————————————▶

SPICY ————————————————————▶

SWEET ————————————————————▶

LACTIC ————————————————————▶

LINGERING ————————————————————▶

BUTTERY ————————————————————▶

NUTTY ————————————————————▶

TOASTY ————————————————————▶

HERBACEOUS ————————————————————▶

GRASSY ————————————————————▶

———— ————————————————————▶

———— ————————————————————▶

RATING: ☆ ☆ ☆ ☆   **BUY AGAIN:** __YES __NO

Notes

CHEESE NAME: _____

ORIGIN: _____

PRODUCER: _____

AGED: _____ **DATE:** _____ **PRICE:** _____

MILK:
☐ COW   ☐ GOAT   ☐ SHEEP   ☐ RAW   ☐ OTHER

TEXTURE:
☐ RUNNY   ☐ SOFT   ☐ SEMI-SOFT
☐ SEMI-FIRM   ☐ FIRM   ☐ HARD

NOTES: _____
_____

CHEESE CHARACTERISTICS
(MARK AN X ON ARROWED LINE - LESS ON LEFT TO MORE ON RIGHT)

SHARP ————————————————————➤

PUNGENT————————————————————➤

EARTHY ————————————————————➤

SALTY ————————————————————➤

SPICY ————————————————————➤

SWEET ————————————————————➤

LACTIC ————————————————————➤

LINGERING ————————————————————➤

BUTTERY ————————————————————➤

NUTTY ————————————————————➤

TOASTY————————————————————➤

HERBACEOUS ————————————————➤

GRASSY ————————————————————➤

———— ————————————————————➤

———— ————————————————————➤

RATING: ☆ ☆ ☆ ☆   **BUY AGAIN:** __YES __NO

Notes

CHEESE NAME: _____

ORIGIN: _____

PRODUCER: _____

AGED: _____ **DATE:** _____ **PRICE:** _____

MILK:

☐ COW ☐ GOAT ☐ SHEEP ☐ RAW ☐ OTHER

TEXTURE:

☐ RUNNY ☐ SOFT ☐ SEMI-SOFT

☐ SEMI-FIRM ☐ FIRM ☐ HARD

NOTES: _____

_____

CHEESE CHARACTERISTICS

(MARK AN X ON ARROWED LINE - LESS ON LEFT TO MORE ON RIGHT)

SHARP ————————————————————▶

PUNGENT ————————————————————▶

EARTHY ————————————————————▶

SALTY ————————————————————▶

SPICY ————————————————————▶

SWEET ————————————————————▶

LACTIC ————————————————————▶

LINGERING ————————————————————▶

BUTTERY ————————————————————▶

NUTTY ————————————————————▶

TOASTY ————————————————————▶

HERBACEOUS ————————————————————▶

GRASSY ————————————————————▶

———————— ————————————————————▶

———————— ————————————————————▶

RATING: ★ ★ ★ ★ ☆   **BUY AGAIN:** __YES __NO

Notes

CHEESE NAME: _____

ORIGIN: _____

PRODUCER: _____

AGED: _____ **DATE:** _____ **PRICE:** _____

MILK:
☐ COW ☐ GOAT ☐ SHEEP ☐ RAW ☐ OTHER

TEXTURE:
☐ RUNNY ☐ SOFT ☐ SEMI-SOFT
☐ SEMI-FIRM ☐ FIRM ☐ HARD

NOTES: _____
_____

CHEESE CHARACTERISTICS
(MARK AN X ON ARROWED LINE - LESS ON LEFT TO MORE ON RIGHT)

SHARP ————————————————→

PUNGENT ———————————————→

EARTHY ————————————————→

SALTY —————————————————→

SPICY —————————————————→

SWEET —————————————————→

LACTIC ————————————————→

LINGERING —————————————→

BUTTERY ———————————————→

NUTTY —————————————————→

TOASTY ————————————————→

HERBACEOUS ————————————→

GRASSY ————————————————→

———— —————————————————→

———— —————————————————→

RATING: ★ ★ ★ ★ ★   **BUY AGAIN:** __YES __NO

Notes

CHEESE NAME: _____

ORIGIN: _____

PRODUCER: _____

AGED: _____ **DATE:** _____ **PRICE:** _____

MILK:

☐ COW ☐ GOAT ☐ SHEEP ☐ RAW ☐ OTHER

TEXTURE:

☐ RUNNY ☐ SOFT ☐ SEMI-SOFT

☐ SEMI-FIRM ☐ FIRM ☐ HARD

NOTES: _____

_____

CHEESE CHARACTERISTICS
(MARK AN X ON ARROWED LINE - LESS ON LEFT TO MORE ON RIGHT)

SHARP ——————————————————▶

PUNGENT ——————————————————▶

EARTHY ——————————————————▶

SALTY ——————————————————▶

SPICY ——————————————————▶

SWEET ——————————————————▶

LACTIC ——————————————————▶

LINGERING ——————————————————▶

BUTTERY ——————————————————▶

NUTTY ——————————————————▶

TOASTY ——————————————————▶

HERBACEOUS ——————————————————▶

GRASSY ——————————————————▶

———— ——————————————————▶

———— ——————————————————▶

RATING: ☆ ☆ ☆ ☆ ☆ **BUY AGAIN:** __YES __NO

Notes

CHEESE NAME: _____

ORIGIN: _____

PRODUCER: _____

AGED: _____ **DATE:** _____ **PRICE:** _____

MILK:

☐ COW ☐ GOAT ☐ SHEEP ☐ RAW ☐ OTHER

TEXTURE:

☐ RUNNY ☐ SOFT ☐ SEMI-SOFT

☐ SEMI-FIRM ☐ FIRM ☐ HARD

NOTES: _____

_____

CHEESE CHARACTERISTICS

(MARK AN X ON ARROWED LINE - LESS ON LEFT TO MORE ON RIGHT)

SHARP —————————————→

PUNGENT —————————————→

EARTHY —————————————→

SALTY —————————————→

SPICY —————————————→

SWEET —————————————→

LACTIC —————————————→

LINGERING —————————————→

BUTTERY —————————————→

NUTTY —————————————→

TOASTY —————————————→

HERBACEOUS —————————————→

GRASSY —————————————→

———— ——————————————→

———— ——————————————→

RATING: ☆ ☆ ☆ ☆   **BUY AGAIN:** __YES __NO

Notes

CHEESE NAME: _____

ORIGIN: _____

PRODUCER: _____

AGED: _____ **DATE:** _____ **PRICE:** _____

MILK:
☐ COW ☐ GOAT ☐ SHEEP ☐ RAW ☐ OTHER

TEXTURE:
☐ RUNNY ☐ SOFT ☐ SEMI-SOFT
☐ SEMI-FIRM ☐ FIRM ☐ HARD

NOTES: _____
_____

CHEESE CHARACTERISTICS
(MARK AN X ON ARROWED LINE - LESS ON LEFT TO MORE ON RIGHT)

SHARP ————————————————————————→

PUNGENT————————————————————————→

EARTHY ————————————————————————→

SALTY ————————————————————————→

SPICY ————————————————————————→

SWEET ————————————————————————→

LACTIC ————————————————————————→

LINGERING ——————————————————————→

BUTTERY ————————————————————————→

NUTTY ————————————————————————→

TOASTY————————————————————————→

HERBACEOUS ——————————————————————→

GRASSY ————————————————————————→

——————— ——————————————————————→

——————— ——————————————————————→

RATING: ☆ ☆ ☆ ☆ ☆   **BUY AGAIN:** __YES __NO

Notes

CHEESE NAME: _____

ORIGIN: _____

PRODUCER: _____

AGED: _____ **DATE:** _____ **PRICE:** _____

MILK:

☐ COW ☐ GOAT ☐ SHEEP ☐ RAW ☐ OTHER

TEXTURE:

☐ RUNNY ☐ SOFT ☐ SEMI-SOFT

☐ SEMI-FIRM ☐ FIRM ☐ HARD

NOTES: _____
_____

CHEESE CHARACTERISTICS
(MARK AN X ON ARROWED LINE - LESS ON LEFT TO MORE ON RIGHT)

SHARP ————————————————————➤

PUNGENT————————————————————➤

EARTHY ————————————————————➤

SALTY ————————————————————➤

SPICY ————————————————————➤

SWEET ————————————————————➤

LACTIC ————————————————————➤

LINGERING ————————————————————➤

BUTTERY ————————————————————➤

NUTTY ————————————————————➤

TOASTY————————————————————➤

HERBACEOUS ————————————————————➤

GRASSY ————————————————————➤

———— ————————————————————➤

———— ————————————————————➤

RATING: ☆ ☆ ☆ ☆   **BUY AGAIN:** __YES __NO

Notes

CHEESE NAME: _____

ORIGIN: _____

PRODUCER: _____

AGED: _____ **DATE:** _____ **PRICE:** _____

MILK:

☐ COW ☐ GOAT ☐ SHEEP ☐ RAW ☐ OTHER

TEXTURE:

☐ RUNNY ☐ SOFT ☐ SEMI-SOFT

☐ SEMI-FIRM ☐ FIRM ☐ HARD

NOTES: _____

_____

CHEESE CHARACTERISTICS

(MARK AN X ON ARROWED LINE - LESS ON LEFT TO MORE ON RIGHT)

SHARP ——————————————————▶

PUNGENT ——————————————————▶

EARTHY ——————————————————▶

SALTY ——————————————————▶

SPICY ——————————————————▶

SWEET ——————————————————▶

LACTIC ——————————————————▶

LINGERING ——————————————————▶

BUTTERY ——————————————————▶

NUTTY ——————————————————▶

TOASTY ——————————————————▶

HERBACEOUS ——————————————————▶

GRASSY ——————————————————▶

_____ ——————————————————▶

_____ ——————————————————▶

RATING: ★ ★ ★ ★ ★ **BUY AGAIN:** __YES __NO

Notes

CHEESE NAME: _____

ORIGIN: _____

PRODUCER: _____

AGED: _____ **DATE:** _____ **PRICE:** _____

MILK:

☐ COW ☐ GOAT ☐ SHEEP ☐ RAW ☐ OTHER

TEXTURE:

☐ RUNNY ☐ SOFT ☐ SEMI-SOFT

☐ SEMI-FIRM ☐ FIRM ☐ HARD

NOTES: _____
_____

CHEESE CHARACTERISTICS
(MARK AN X ON ARROWED LINE - LESS ON LEFT TO MORE ON RIGHT)

SHARP ————————————————▶

PUNGENT ————————————————▶

EARTHY ————————————————▶

SALTY ————————————————▶

SPICY ————————————————▶

SWEET ————————————————▶

LACTIC ————————————————▶

LINGERING ————————————————▶

BUTTERY ————————————————▶

NUTTY ————————————————▶

TOASTY ————————————————▶

HERBACEOUS ————————————————▶

GRASSY ————————————————▶

_____ ————————————————▶

_____ ————————————————▶

RATING: ☆ ☆ ☆ ☆ ☆   **BUY AGAIN:** __YES __NO

Notes

CHEESE NAME: _____

ORIGIN: _____

PRODUCER: _____

AGED: _____ **DATE:** _____ **PRICE:** _____

MILK:

☐ COW ☐ GOAT ☐ SHEEP ☐ RAW ☐ OTHER

TEXTURE:

☐ RUNNY ☐ SOFT ☐ SEMI-SOFT

☐ SEMI-FIRM ☐ FIRM ☐ HARD

NOTES: _____

_____

CHEESE CHARACTERISTICS

(MARK AN X ON ARROWED LINE - LESS ON LEFT TO MORE ON RIGHT)

SHARP ──────────────────────►

PUNGENT ──────────────────────►

EARTHY ──────────────────────►

SALTY ──────────────────────►

SPICY ──────────────────────►

SWEET ──────────────────────►

LACTIC ──────────────────────►

LINGERING ──────────────────────►

BUTTERY ──────────────────────►

NUTTY ──────────────────────►

TOASTY ──────────────────────►

HERBACEOUS ──────────────────────►

GRASSY ──────────────────────►

──── ──────────────────────►

──── ──────────────────────►

RATING: ☆ ☆ ☆ ☆ **BUY AGAIN:** __YES __NO

Notes

CHEESE NAME: _____

ORIGIN: _____

PRODUCER: _____

AGED: _____ **DATE:** _____ **PRICE:** _____

MILK:

☐ COW ☐ GOAT ☐ SHEEP ☐ RAW ☐ OTHER

TEXTURE:

☐ RUNNY ☐ SOFT ☐ SEMI-SOFT

☐ SEMI-FIRM ☐ FIRM ☐ HARD

NOTES: _____
_____

CHEESE CHARACTERISTICS
(MARK AN X ON ARROWED LINE - LESS ON LEFT TO MORE ON RIGHT)

SHARP ————————————————▶

PUNGENT ————————————————▶

EARTHY ————————————————▶

SALTY ————————————————▶

SPICY ————————————————▶

SWEET ————————————————▶

LACTIC ————————————————▶

LINGERING ————————————————▶

BUTTERY ————————————————▶

NUTTY ————————————————▶

TOASTY ————————————————▶

HERBACEOUS ————————————————▶

GRASSY ————————————————▶

——— ————————————————▶

——— ————————————————▶

RATING: ☆ ☆ ☆ ☆   **BUY AGAIN:** __YES __NO

Notes

CHEESE NAME: _____

ORIGIN: _____

PRODUCER: _____

AGED: _____   **DATE:** _____   **PRICE:** _____

MILK:

☐ COW   ☐ GOAT   ☐ SHEEP   ☐ RAW   ☐ OTHER

TEXTURE:

☐ RUNNY   ☐ SOFT   ☐ SEMI-SOFT

☐ SEMI-FIRM   ☐ FIRM   ☐ HARD

NOTES: _____

_____

CHEESE CHARACTERISTICS

(MARK AN X ON ARROWED LINE - LESS ON LEFT TO MORE ON RIGHT)

SHARP ————————————————————▶

PUNGENT ————————————————————▶

EARTHY ————————————————————▶

SALTY ————————————————————▶

SPICY ————————————————————▶

SWEET ————————————————————▶

LACTIC ————————————————————▶

LINGERING ————————————————————▶

BUTTERY ————————————————————▶

NUTTY ————————————————————▶

TOASTY ————————————————————▶

HERBACEOUS ————————————————————▶

GRASSY ————————————————————▶

———— ————————————————————▶

———— ————————————————————▶

RATING: ★ ★ ★ ★ ☆   **BUY AGAIN:** __YES __NO

Notes

CHEESE NAME: _____

ORIGIN: _____

PRODUCER: _____

AGED: _____ **DATE:** _____ **PRICE:** _____

MILK:

☐ COW ☐ GOAT ☐ SHEEP ☐ RAW ☐ OTHER

TEXTURE:

☐ RUNNY ☐ SOFT ☐ SEMI-SOFT

☐ SEMI-FIRM ☐ FIRM ☐ HARD

NOTES: _____

_____

CHEESE CHARACTERISTICS

(MARK AN X ON ARROWED LINE - LESS ON LEFT TO MORE ON RIGHT)

SHARP ————————————————————▶

PUNGENT ————————————————————▶

EARTHY ————————————————————▶

SALTY ————————————————————▶

SPICY ————————————————————▶

SWEET ————————————————————▶

LACTIC ————————————————————▶

LINGERING ————————————————————▶

BUTTERY ————————————————————▶

NUTTY ————————————————————▶

TOASTY ————————————————————▶

HERBACEOUS ————————————————————▶

GRASSY ————————————————————▶

———— ————————————————————▶

———— ————————————————————▶

RATING: ☆ ☆ ☆ ☆ **BUY AGAIN:** __YES __NO

Notes

CHEESE NAME: _____

ORIGIN: _____

PRODUCER: _____

AGED: _____ **DATE:** _____ **PRICE:** _____

MILK:

☐ COW ☐ GOAT ☐ SHEEP ☐ RAW ☐ OTHER

TEXTURE:

☐ RUNNY ☐ SOFT ☐ SEMI-SOFT

☐ SEMI-FIRM ☐ FIRM ☐ HARD

NOTES: _____

_____

CHEESE CHARACTERISTICS
(MARK AN X ON ARROWED LINE - LESS ON LEFT TO MORE ON RIGHT)

SHARP ————————————————————▶

PUNGENT————————————————————▶

EARTHY ————————————————————▶

SALTY ————————————————————▶

SPICY ————————————————————▶

SWEET ————————————————————▶

LACTIC ————————————————————▶

LINGERING ————————————————————▶

BUTTERY ————————————————————▶

NUTTY ————————————————————▶

TOASTY ————————————————————▶

HERBACEOUS ————————————————————▶

GRASSY ————————————————————▶

———— ————————————————————▶

———— ————————————————————▶

RATING: ☆ ☆ ☆ ☆ ☆   **BUY AGAIN:** __YES __NO

Notes

CHEESE NAME: _____

ORIGIN: _____

PRODUCER: _____

AGED: _____   **DATE:** _____   **PRICE:** _____

MILK:
☐ COW   ☐ GOAT   ☐ SHEEP   ☐ RAW   ☐ OTHER

TEXTURE:
☐ RUNNY   ☐ SOFT   ☐ SEMI-SOFT
☐ SEMI-FIRM   ☐ FIRM   ☐ HARD

NOTES: _____
_____

CHEESE CHARACTERISTICS
(MARK AN X ON ARROWED LINE - LESS ON LEFT TO MORE ON RIGHT)

SHARP ──────────────────────▶

PUNGENT ──────────────────────▶

EARTHY ──────────────────────▶

SALTY ──────────────────────▶

SPICY ──────────────────────▶

SWEET ──────────────────────▶

LACTIC ──────────────────────▶

LINGERING ──────────────────────▶

BUTTERY ──────────────────────▶

NUTTY ──────────────────────▶

TOASTY ──────────────────────▶

HERBACEOUS ──────────────────────▶

GRASSY ──────────────────────▶

_____ ──────────────────────▶

_____ ──────────────────────▶

RATING: ☆ ☆ ☆ ☆ ☆   **BUY AGAIN:** __YES __NO

Notes

CHEESE NAME: _____

ORIGIN: _____

PRODUCER: _____

AGED: _____ **DATE:** _____ **PRICE:** _____

MILK:

☐ COW ☐ GOAT ☐ SHEEP ☐ RAW ☐ OTHER

TEXTURE:

☐ RUNNY ☐ SOFT ☐ SEMI-SOFT

☐ SEMI-FIRM ☐ FIRM ☐ HARD

NOTES: _____

_____

CHEESE CHARACTERISTICS

(MARK AN X ON ARROWED LINE - LESS ON LEFT TO MORE ON RIGHT)

SHARP ————————————————————▶

PUNGENT————————————————————▶

EARTHY ————————————————————▶

SALTY ————————————————————▶

SPICY ————————————————————▶

SWEET ————————————————————▶

LACTIC ————————————————————▶

LINGERING ————————————————————▶

BUTTERY ————————————————————▶

NUTTY ————————————————————▶

TOASTY ————————————————————▶

HERBACEOUS ————————————————————▶

GRASSY ————————————————————▶

———————— ————————————————————▶

———————— ————————————————————▶

RATING: ☆ ☆ ☆ ☆ ☆ **BUY AGAIN:** __YES __NO

Notes

CHEESE NAME: _____

ORIGIN: _____

PRODUCER: _____

AGED: _____ **DATE:** _____ **PRICE:** _____

MILK:

☐ COW ☐ GOAT ☐ SHEEP ☐ RAW ☐ OTHER

TEXTURE:

☐ RUNNY ☐ SOFT ☐ SEMI-SOFT

☐ SEMI-FIRM ☐ FIRM ☐ HARD

NOTES: _____

_____

CHEESE CHARACTERISTICS

(MARK AN X ON ARROWED LINE - LESS ON LEFT TO MORE ON RIGHT)

SHARP ──────────────────────►

PUNGENT ──────────────────────►

EARTHY ──────────────────────►

SALTY ──────────────────────►

SPICY ──────────────────────►

SWEET ──────────────────────►

LACTIC ──────────────────────►

LINGERING ──────────────────────►

BUTTERY ──────────────────────►

NUTTY ──────────────────────►

TOASTY ──────────────────────►

HERBACEOUS ──────────────────────►

GRASSY ──────────────────────►

──────── ──────────────────────►

──────── ──────────────────────►

RATING: ☆ ☆ ☆ ☆ **BUY AGAIN:** __YES __NO

Notes

CHEESE NAME: _____

ORIGIN: _____

PRODUCER: _____

AGED: _____ **DATE:** _____ **PRICE:** _____

MILK:
☐ COW ☐ GOAT ☐ SHEEP ☐ RAW ☐ OTHER

TEXTURE:
☐ RUNNY ☐ SOFT ☐ SEMI-SOFT
☐ SEMI-FIRM ☐ FIRM ☐ HARD

NOTES: _____
_____

CHEESE CHARACTERISTICS
(MARK AN X ON ARROWED LINE - LESS ON LEFT TO MORE ON RIGHT)

SHARP —————————————————▶

PUNGENT ————————————————▶

EARTHY —————————————————▶

SALTY ——————————————————▶

SPICY ——————————————————▶

SWEET —————————————————▶

LACTIC —————————————————▶

LINGERING ———————————————▶

BUTTERY ————————————————▶

NUTTY ——————————————————▶

TOASTY —————————————————▶

HERBACEOUS —————————————▶

GRASSY —————————————————▶

—————— ————————————————▶

—————— ————————————————▶

RATING: ★ ★ ★ ★ ☆   **BUY AGAIN:** __YES __NO

Notes

CHEESE NAME: _____

ORIGIN: _____

PRODUCER: _____

AGED: _____ **DATE:** _____ **PRICE:** _____

MILK:

☐ COW ☐ GOAT ☐ SHEEP ☐ RAW ☐ OTHER

TEXTURE:

☐ RUNNY ☐ SOFT ☐ SEMI-SOFT

☐ SEMI-FIRM ☐ FIRM ☐ HARD

NOTES: _____

_____

CHEESE CHARACTERISTICS
(MARK AN X ON ARROWED LINE - LESS ON LEFT TO MORE ON RIGHT)

SHARP ———————————————————▶

PUNGENT ———————————————————▶

EARTHY ———————————————————▶

SALTY ———————————————————▶

SPICY ———————————————————▶

SWEET ———————————————————▶

LACTIC ———————————————————▶

LINGERING ———————————————————▶

BUTTERY ———————————————————▶

NUTTY ———————————————————▶

TOASTY ———————————————————▶

HERBACEOUS ———————————————————▶

GRASSY ———————————————————▶

——— ———————————————————▶

——— ———————————————————▶

RATING: ☆ ☆ ☆ ☆ **BUY AGAIN:** __YES __NO

Notes

CHEESE NAME: _____

ORIGIN: _____

PRODUCER: _____

AGED: _____ **DATE:** _____ **PRICE:** _____

MILK:

☐ COW   ☐ GOAT   ☐ SHEEP   ☐ RAW   ☐ OTHER

TEXTURE:

☐ RUNNY   ☐ SOFT   ☐ SEMI-SOFT

☐ SEMI-FIRM   ☐ FIRM   ☐ HARD

NOTES: _____

_____

CHEESE CHARACTERISTICS
(MARK AN X ON ARROWED LINE - LESS ON LEFT TO MORE ON RIGHT)

SHARP ————————————————————————▶

PUNGENT ————————————————————————▶

EARTHY ————————————————————————▶

SALTY ————————————————————————▶

SPICY ————————————————————————▶

SWEET ————————————————————————▶

LACTIC ————————————————————————▶

LINGERING ————————————————————————▶

BUTTERY ————————————————————————▶

NUTTY ————————————————————————▶

TOASTY ————————————————————————▶

HERBACEOUS ————————————————————————▶

GRASSY ————————————————————————▶

_____ ————————————————————————▶

_____ ————————————————————————▶

RATING: ☆ ☆ ☆ ☆ ☆   **BUY AGAIN:** __YES __NO

Notes

CHEESE NAME: _____

ORIGIN: _____

PRODUCER: _____

AGED: _____ **DATE:** _____ **PRICE:** _____

MILK:

☐ COW ☐ GOAT ☐ SHEEP ☐ RAW ☐ OTHER

TEXTURE:

☐ RUNNY ☐ SOFT ☐ SEMI-SOFT

☐ SEMI-FIRM ☐ FIRM ☐ HARD

NOTES: _____
_____

CHEESE CHARACTERISTICS

(MARK AN X ON ARROWED LINE - LESS ON LEFT TO MORE ON RIGHT)

SHARP ———————————————————▶

PUNGENT ——————————————————▶

EARTHY ———————————————————▶

SALTY ————————————————————▶

SPICY ————————————————————▶

SWEET ———————————————————▶

LACTIC ———————————————————▶

LINGERING —————————————————▶

BUTTERY ———————————————————▶

NUTTY ————————————————————▶

TOASTY ———————————————————▶

HERBACEOUS ————————————————▶

GRASSY ———————————————————▶

———— ————————————————▶

———— ————————————————▶

RATING: ★ ★ ★ ★ ☆   **BUY AGAIN:** __YES __NO

Notes

CHEESE NAME: _____

ORIGIN: _____

PRODUCER: _____

AGED: _____ **DATE:** _____ **PRICE:** _____

MILK:
☐ COW ☐ GOAT ☐ SHEEP ☐ RAW ☐ OTHER

TEXTURE:
☐ RUNNY ☐ SOFT ☐ SEMI-SOFT
☐ SEMI-FIRM ☐ FIRM ☐ HARD

NOTES: _____
_____

CHEESE CHARACTERISTICS
(MARK AN X ON ARROWED LINE - LESS ON LEFT TO MORE ON RIGHT)

SHARP ⟶

PUNGENT ⟶

EARTHY ⟶

SALTY ⟶

SPICY ⟶

SWEET ⟶

LACTIC ⟶

LINGERING ⟶

BUTTERY ⟶

NUTTY ⟶

TOASTY ⟶

HERBACEOUS ⟶

GRASSY ⟶

_____ ⟶

_____ ⟶

RATING: ☆ ☆ ☆ ☆ **BUY AGAIN:** __YES __NO

Notes

CHEESE NAME: _____

ORIGIN: _____

PRODUCER: _____

AGED: _____ **DATE:** _____ **PRICE:** _____

MILK:

☐ COW ☐ GOAT ☐ SHEEP ☐ RAW ☐ OTHER

TEXTURE:

☐ RUNNY ☐ SOFT ☐ SEMI-SOFT

☐ SEMI-FIRM ☐ FIRM ☐ HARD

NOTES: _____

_____

CHEESE CHARACTERISTICS
(MARK AN X ON ARROWED LINE - LESS ON LEFT TO MORE ON RIGHT)

SHARP ———————————————————▶

PUNGENT ——————————————————▶

EARTHY ———————————————————▶

SALTY ————————————————————▶

SPICY ————————————————————▶

SWEET ———————————————————▶

LACTIC ———————————————————▶

LINGERING —————————————————▶

BUTTERY ———————————————————▶

NUTTY ————————————————————▶

TOASTY ———————————————————▶

HERBACEOUS ————————————————▶

GRASSY ———————————————————▶

——————— ————————————————▶

——————— ————————————————▶

RATING: ☆ ☆ ☆ ☆   **BUY AGAIN:** __YES __NO

Notes

CHEESE NAME: _____

ORIGIN: _____

PRODUCER: _____

AGED: _____ **DATE:** _____ **PRICE:** _____

MILK:

☐ COW ☐ GOAT ☐ SHEEP ☐ RAW ☐ OTHER

TEXTURE:

☐ RUNNY ☐ SOFT ☐ SEMI-SOFT

☐ SEMI-FIRM ☐ FIRM ☐ HARD

NOTES: _____
_____

CHEESE CHARACTERISTICS

(MARK AN X ON ARROWED LINE - LESS ON LEFT TO MORE ON RIGHT)

SHARP ———————————————————▶

PUNGENT ———————————————————▶

EARTHY ———————————————————▶

SALTY ———————————————————▶

SPICY ———————————————————▶

SWEET ———————————————————▶

LACTIC ———————————————————▶

LINGERING ———————————————————▶

BUTTERY ———————————————————▶

NUTTY ———————————————————▶

TOASTY ———————————————————▶

HERBACEOUS ———————————————————▶

GRASSY ———————————————————▶

——————— ———————————————————▶

——————— ———————————————————▶

RATING: ★ ★ ★ ★ **BUY AGAIN:** __YES __NO

Notes

CHEESE NAME: _____

ORIGIN: _____

PRODUCER: _____

AGED: _____ **DATE:** _____ **PRICE:** _____

MILK:

☐ COW ☐ GOAT ☐ SHEEP ☐ RAW ☐ OTHER

TEXTURE:

☐ RUNNY ☐ SOFT ☐ SEMI-SOFT

☐ SEMI-FIRM ☐ FIRM ☐ HARD

NOTES: _____

_____

CHEESE CHARACTERISTICS

(MARK AN X ON ARROWED LINE - LESS ON LEFT TO MORE ON RIGHT)

SHARP ⟶

PUNGENT ⟶

EARTHY ⟶

SALTY ⟶

SPICY ⟶

SWEET ⟶

LACTIC ⟶

LINGERING ⟶

BUTTERY ⟶

NUTTY ⟶

TOASTY ⟶

HERBACEOUS ⟶

GRASSY ⟶

_____ ⟶

_____ ⟶

RATING: ☆ ☆ ☆ ☆ **BUY AGAIN:** __YES __NO

Notes

CHEESE NAME: _____

ORIGIN: _____

PRODUCER: _____

AGED: _____ **DATE:** _____ **PRICE:** _____

MILK:

☐ COW ☐ GOAT ☐ SHEEP ☐ RAW ☐ OTHER

TEXTURE:

☐ RUNNY ☐ SOFT ☐ SEMI-SOFT

☐ SEMI-FIRM ☐ FIRM ☐ HARD

NOTES: _____

_____

CHEESE CHARACTERISTICS

(MARK AN X ON ARROWED LINE - LESS ON LEFT TO MORE ON RIGHT)

SHARP ———————————————➤

PUNGENT ———————————————➤

EARTHY ———————————————➤

SALTY ———————————————➤

SPICY ———————————————➤

SWEET ———————————————➤

LACTIC ———————————————➤

LINGERING ———————————————➤

BUTTERY ———————————————➤

NUTTY ———————————————➤

TOASTY ———————————————➤

HERBACEOUS ———————————————➤

GRASSY ———————————————➤

——— ———————————————➤

——— ———————————————➤

RATING: ★ ★ ★ ★ **BUY AGAIN:** __YES __NO

Notes

CHEESE NAME: _____

ORIGIN: _____

PRODUCER: _____

AGED: _____ **DATE:** _____ **PRICE:** _____

MILK:
☐ COW ☐ GOAT ☐ SHEEP ☐ RAW ☐ OTHER

TEXTURE:
☐ RUNNY ☐ SOFT ☐ SEMI-SOFT
☐ SEMI-FIRM ☐ FIRM ☐ HARD

NOTES: _____
_____

CHEESE CHARACTERISTICS
(MARK AN X ON ARROWED LINE - LESS ON LEFT TO MORE ON RIGHT)

SHARP ————————————————————▶

PUNGENT—————————————————————▶

EARTHY ————————————————————▶

SALTY —————————————————————▶

SPICY —————————————————————▶

SWEET ————————————————————▶

LACTIC ————————————————————▶

LINGERING ———————————————————▶

BUTTERY ————————————————————▶

NUTTY —————————————————————▶

TOASTY ————————————————————▶

HERBACEOUS ——————————————————▶

GRASSY ————————————————————▶

———— ————————————————————▶

———— ————————————————————▶

RATING: ★ ★ ★ ★ ★ **BUY AGAIN:** __YES __NO

Notes

CHEESE NAME: _____

ORIGIN: _____

PRODUCER: _____

AGED: _____ **DATE:** _____ **PRICE:** _____

MILK:
☐ COW ☐ GOAT ☐ SHEEP ☐ RAW ☐ OTHER

TEXTURE:
☐ RUNNY ☐ SOFT ☐ SEMI-SOFT
☐ SEMI-FIRM ☐ FIRM ☐ HARD

NOTES: _____
_____

CHEESE CHARACTERISTICS
(MARK AN X ON ARROWED LINE - LESS ON LEFT TO MORE ON RIGHT)

SHARP ———————————————————▶

PUNGENT ———————————————————▶

EARTHY ———————————————————▶

SALTY ———————————————————▶

SPICY ———————————————————▶

SWEET ———————————————————▶

LACTIC ———————————————————▶

LINGERING ———————————————————▶

BUTTERY ———————————————————▶

NUTTY ———————————————————▶

TOASTY ———————————————————▶

HERBACEOUS ———————————————————▶

GRASSY ———————————————————▶

——————— ———————————————————▶

——————— ———————————————————▶

RATING: ★ ★ ★ ★ ★   **BUY AGAIN:** __YES __NO

Notes

CHEESE NAME: _____

ORIGIN: _____

PRODUCER: _____

AGED: _____ **DATE:** _____ **PRICE:** _____

MILK:

☐ COW ☐ GOAT ☐ SHEEP ☐ RAW ☐ OTHER

TEXTURE:

☐ RUNNY ☐ SOFT ☐ SEMI-SOFT

☐ SEMI-FIRM ☐ FIRM ☐ HARD

NOTES: _____

_____

CHEESE CHARACTERISTICS

(MARK AN X ON ARROWED LINE - LESS ON LEFT TO MORE ON RIGHT)

SHARP ——————————————————→

PUNGENT ——————————————————→

EARTHY ——————————————————→

SALTY ——————————————————→

SPICY ——————————————————→

SWEET ——————————————————→

LACTIC ——————————————————→

LINGERING ——————————————————→

BUTTERY ——————————————————→

NUTTY ——————————————————→

TOASTY ——————————————————→

HERBACEOUS ——————————————————→

GRASSY ——————————————————→

_____ ——————————————————→

_____ ——————————————————→

RATING: ☆ ☆ ☆ ☆ **BUY AGAIN:** __YES __NO

Notes

CHEESE NAME: _____

ORIGIN: _____

PRODUCER: _____

AGED: _____ **DATE:** _____ **PRICE:** _____

MILK:

☐ COW   ☐ GOAT   ☐ SHEEP   ☐ RAW   ☐ OTHER

TEXTURE:

☐ RUNNY   ☐ SOFT   ☐ SEMI-SOFT

☐ SEMI-FIRM   ☐ FIRM   ☐ HARD

NOTES: _____

_____

CHEESE CHARACTERISTICS

(MARK AN X ON ARROWED LINE - LESS ON LEFT TO MORE ON RIGHT)

SHARP ————————————————————▶

PUNGENT ————————————————————▶

EARTHY ————————————————————▶

SALTY ————————————————————▶

SPICY ————————————————————▶

SWEET ————————————————————▶

LACTIC ————————————————————▶

LINGERING ————————————————————▶

BUTTERY ————————————————————▶

NUTTY ————————————————————▶

TOASTY ————————————————————▶

HERBACEOUS ————————————————————▶

GRASSY ————————————————————▶

——————— ————————————————————▶

——————— ————————————————————▶

RATING: ★ ★ ★ ★ ★   **BUY AGAIN:** __YES __NO

Notes

CHEESE NAME: _____

ORIGIN: _____

PRODUCER: _____

AGED: _____ **DATE:** _____ **PRICE:** _____

MILK:
☐ COW ☐ GOAT ☐ SHEEP ☐ RAW ☐ OTHER

TEXTURE:
☐ RUNNY ☐ SOFT ☐ SEMI-SOFT
☐ SEMI-FIRM ☐ FIRM ☐ HARD

NOTES: _____
_____

CHEESE CHARACTERISTICS
(MARK AN X ON ARROWED LINE - LESS ON LEFT TO MORE ON RIGHT)

SHARP ⟶

PUNGENT ⟶

EARTHY ⟶

SALTY ⟶

SPICY ⟶

SWEET ⟶

LACTIC ⟶

LINGERING ⟶

BUTTERY ⟶

NUTTY ⟶

TOASTY ⟶

HERBACEOUS ⟶

GRASSY ⟶

_____ ⟶

_____ ⟶

RATING: ☆ ☆ ☆ ☆ **BUY AGAIN:** __YES __NO

Notes

CHEESE NAME: _____

ORIGIN: _____

PRODUCER: _____

AGED: _____ **DATE:** _____ **PRICE:** _____

MILK:
☐ COW ☐ GOAT ☐ SHEEP ☐ RAW ☐ OTHER

TEXTURE:
☐ RUNNY ☐ SOFT ☐ SEMI-SOFT
☐ SEMI-FIRM ☐ FIRM ☐ HARD

NOTES: _____
_____

CHEESE CHARACTERISTICS
(MARK AN X ON ARROWED LINE - LESS ON LEFT TO MORE ON RIGHT)

SHARP ───────────────▶

PUNGENT ───────────────▶

EARTHY ───────────────▶

SALTY ───────────────▶

SPICY ───────────────▶

SWEET ───────────────▶

LACTIC ───────────────▶

LINGERING ───────────────▶

BUTTERY ───────────────▶

NUTTY ───────────────▶

TOASTY ───────────────▶

HERBACEOUS ───────────────▶

GRASSY ───────────────▶

_____ ───────────────▶

_____ ───────────────▶

RATING: ☆ ☆ ☆ ☆ ☆   **BUY AGAIN:** __YES __NO

Notes

CHEESE NAME: _____

ORIGIN: _____

PRODUCER: _____

AGED: _____ **DATE:** _____ **PRICE:** _____

MILK:

☐ COW ☐ GOAT ☐ SHEEP ☐ RAW ☐ OTHER

TEXTURE:

☐ RUNNY ☐ SOFT ☐ SEMI-SOFT

☐ SEMI-FIRM ☐ FIRM ☐ HARD

NOTES: _____

_____

CHEESE CHARACTERISTICS

(MARK AN X ON ARROWED LINE - LESS ON LEFT TO MORE ON RIGHT)

SHARP ————————————————▶

PUNGENT ————————————————▶

EARTHY ————————————————▶

SALTY ————————————————▶

SPICY ————————————————▶

SWEET ————————————————▶

LACTIC ————————————————▶

LINGERING ————————————————▶

BUTTERY ————————————————▶

NUTTY ————————————————▶

TOASTY ————————————————▶

HERBACEOUS ————————————————▶

GRASSY ————————————————▶

———— ————————————————▶

———— ————————————————▶

RATING: ☆ ☆ ☆ ☆ ☆   **BUY AGAIN:** __YES __NO

Notes

CHEESE NAME: _____

ORIGIN: _____

PRODUCER: _____

AGED: _____ **DATE:** _____ **PRICE:** _____

MILK:
☐ COW ☐ GOAT ☐ SHEEP ☐ RAW ☐ OTHER

TEXTURE:
☐ RUNNY ☐ SOFT ☐ SEMI-SOFT
☐ SEMI-FIRM ☐ FIRM ☐ HARD

NOTES: _____
_____

CHEESE CHARACTERISTICS
(MARK AN X ON ARROWED LINE - LESS ON LEFT TO MORE ON RIGHT)

SHARP ———————————————————➤

PUNGENT ———————————————————➤

EARTHY ———————————————————➤

SALTY ———————————————————➤

SPICY ———————————————————➤

SWEET ———————————————————➤

LACTIC ———————————————————➤

LINGERING ———————————————————➤

BUTTERY ———————————————————➤

NUTTY ———————————————————➤

TOASTY ———————————————————➤

HERBACEOUS ———————————————————➤

GRASSY ———————————————————➤

_____ ———————————————————➤

_____ ———————————————————➤

RATING: ★ ★ ★ ★ ★   **BUY AGAIN:** __YES __NO

Notes

CHEESE NAME: _____

ORIGIN: _____

PRODUCER: _____

AGED: _____ **DATE:** _____ **PRICE:** _____

MILK:

☐ COW ☐ GOAT ☐ SHEEP ☐ RAW ☐ OTHER

TEXTURE:

☐ RUNNY ☐ SOFT ☐ SEMI-SOFT

☐ SEMI-FIRM ☐ FIRM ☐ HARD

NOTES: _____

_____

CHEESE CHARACTERISTICS
(MARK AN X ON ARROWED LINE - LESS ON LEFT TO MORE ON RIGHT)

SHARP ——————————————————▶

PUNGENT ——————————————————▶

EARTHY ——————————————————▶

SALTY ——————————————————▶

SPICY ——————————————————▶

SWEET ——————————————————▶

LACTIC ——————————————————▶

LINGERING ——————————————————▶

BUTTERY ——————————————————▶

NUTTY ——————————————————▶

TOASTY ——————————————————▶

HERBACEOUS ——————————————————▶

GRASSY ——————————————————▶

_____ ——————————————————▶

_____ ——————————————————▶

RATING: ★ ★ ★ ★ ★   **BUY AGAIN:** __YES __NO

Notes

CHEESE NAME: _____

ORIGIN: _____

PRODUCER: _____

AGED: _____ **DATE:** _____ **PRICE:** _____

MILK:
☐ COW ☐ GOAT ☐ SHEEP ☐ RAW ☐ OTHER

TEXTURE:
☐ RUNNY ☐ SOFT ☐ SEMI-SOFT
☐ SEMI-FIRM ☐ FIRM ☐ HARD

NOTES: _____

_____

CHEESE CHARACTERISTICS
(MARK AN X ON ARROWED LINE - LESS ON LEFT TO MORE ON RIGHT)

SHARP ————————————————▶

PUNGENT ———————————————▶

EARTHY ————————————————▶

SALTY —————————————————▶

SPICY —————————————————▶

SWEET —————————————————▶

LACTIC ————————————————▶

LINGERING —————————————▶

BUTTERY ———————————————▶

NUTTY —————————————————▶

TOASTY ————————————————▶

HERBACEOUS ————————————▶

GRASSY ————————————————▶

———— ————————————————▶

———— ————————————————▶

RATING: ★ ★ ★ ★ **BUY AGAIN:** __YES __NO

Notes

CHEESE NAME: _____

ORIGIN: _____

PRODUCER: _____

AGED: _____ **DATE:** _____ **PRICE:** _____

MILK:
☐ COW   ☐ GOAT   ☐ SHEEP   ☐ RAW   ☐ OTHER

TEXTURE:
☐ RUNNY   ☐ SOFT   ☐ SEMI-SOFT
☐ SEMI-FIRM ☐ FIRM   ☐ HARD

NOTES: _____
_____

CHEESE CHARACTERISTICS
(MARK AN X ON ARROWED LINE - LESS ON LEFT TO MORE ON RIGHT)

SHARP —————————————————————▶

PUNGENT ————————————————————▶

EARTHY —————————————————————▶

SALTY ——————————————————————▶

SPICY ——————————————————————▶

SWEET ——————————————————————▶

LACTIC —————————————————————▶

LINGERING ———————————————————▶

BUTTERY ————————————————————▶

NUTTY ——————————————————————▶

TOASTY —————————————————————▶

HERBACEOUS ——————————————————▶

GRASSY —————————————————————▶

_____ ———————————————————————▶

_____ ———————————————————————▶

RATING: ★ ★ ★ ★ ★   **BUY AGAIN:** __YES __NO

Notes

CHEESE NAME: _____

ORIGIN: _____

PRODUCER: _____

AGED: _____ **DATE:** _____ **PRICE:** _____

MILK:

☐ COW ☐ GOAT ☐ SHEEP ☐ RAW ☐ OTHER

TEXTURE:

☐ RUNNY ☐ SOFT ☐ SEMI-SOFT

☐ SEMI-FIRM ☐ FIRM ☐ HARD

NOTES: _____

_____

CHEESE CHARACTERISTICS
(MARK AN X ON ARROWED LINE - LESS ON LEFT TO MORE ON RIGHT)

SHARP ——————————————————➤

PUNGENT ——————————————————➤

EARTHY ——————————————————➤

SALTY ——————————————————➤

SPICY ——————————————————➤

SWEET ——————————————————➤

LACTIC ——————————————————➤

LINGERING ——————————————————➤

BUTTERY ——————————————————➤

NUTTY ——————————————————➤

TOASTY ——————————————————➤

HERBACEOUS ——————————————————➤

GRASSY ——————————————————➤

_____ ——————————————————➤

_____ ——————————————————➤

RATING: ★ ★ ★ ★ ★ **BUY AGAIN:** __YES __NO

Notes

CHEESE NAME: _____

ORIGIN: _____

PRODUCER: _____

AGED: _____ **DATE:** _____ **PRICE:** _____

MILK:
☐ COW   ☐ GOAT   ☐ SHEEP   ☐ RAW   ☐ OTHER

TEXTURE:
☐ RUNNY   ☐ SOFT   ☐ SEMI-SOFT
☐ SEMI-FIRM   ☐ FIRM   ☐ HARD

NOTES: _____

_____

CHEESE CHARACTERISTICS
(MARK AN X ON ARROWED LINE - LESS ON LEFT TO MORE ON RIGHT)

SHARP ———————————————————▶

PUNGENT————————————————————▶

EARTHY ———————————————————▶

SALTY ————————————————————▶

SPICY ————————————————————▶

SWEET ———————————————————▶

LACTIC ———————————————————▶

LINGERING ———————————————————▶

BUTTERY ———————————————————▶

NUTTY ————————————————————▶

TOASTY ———————————————————▶

HERBACEOUS ———————————————▶

GRASSY ———————————————————▶

———— ———————————————————▶

———— ———————————————————▶

RATING: ★ ★ ★ ★ ★   **BUY AGAIN:** __YES __NO

Notes

CHEESE NAME: _____

ORIGIN: _____

PRODUCER: _____

AGED: _____ **DATE:** _____ **PRICE:** _____

MILK:
☐ COW ☐ GOAT ☐ SHEEP ☐ RAW ☐ OTHER

TEXTURE:
☐ RUNNY ☐ SOFT ☐ SEMI-SOFT
☐ SEMI-FIRM ☐ FIRM ☐ HARD

NOTES: _____

_____

CHEESE CHARACTERISTICS
(MARK AN X ON ARROWED LINE - LESS ON LEFT TO MORE ON RIGHT)

SHARP ———————————————————▶

PUNGENT ———————————————————▶

EARTHY ———————————————————▶

SALTY ———————————————————▶

SPICY ———————————————————▶

SWEET ———————————————————▶

LACTIC ———————————————————▶

LINGERING ———————————————————▶

BUTTERY ———————————————————▶

NUTTY ———————————————————▶

TOASTY ———————————————————▶

HERBACEOUS ———————————————————▶

GRASSY ———————————————————▶

_____ ———————————————————▶

_____ ———————————————————▶

RATING: ★ ★ ★ ★ ★   **BUY AGAIN:** __YES __NO

Notes

CHEESE NAME: _____

ORIGIN: _____

PRODUCER: _____

AGED: _____ **DATE:** _____ **PRICE:** _____

MILK:

☐ COW ☐ GOAT ☐ SHEEP ☐ RAW ☐ OTHER

TEXTURE:

☐ RUNNY ☐ SOFT ☐ SEMI-SOFT

☐ SEMI-FIRM ☐ FIRM ☐ HARD

NOTES: _____

_____

CHEESE CHARACTERISTICS

(MARK AN X ON ARROWED LINE - LESS ON LEFT TO MORE ON RIGHT)

SHARP ──────────────────────────▶

PUNGENT ──────────────────────────▶

EARTHY ──────────────────────────▶

SALTY ──────────────────────────▶

SPICY ──────────────────────────▶

SWEET ──────────────────────────▶

LACTIC ──────────────────────────▶

LINGERING ──────────────────────────▶

BUTTERY ──────────────────────────▶

NUTTY ──────────────────────────▶

TOASTY ──────────────────────────▶

HERBACEOUS ──────────────────────────▶

GRASSY ──────────────────────────▶

_____ ──────────────────────────▶

_____ ──────────────────────────▶

RATING: ★ ★ ★ ★ ☆   **BUY AGAIN:** __YES __NO

Notes

CHEESE NAME: _____

ORIGIN: _____

PRODUCER: _____

AGED: _____ **DATE:** _____ **PRICE:** _____

MILK:

☐ COW ☐ GOAT ☐ SHEEP ☐ RAW ☐ OTHER

TEXTURE:

☐ RUNNY ☐ SOFT ☐ SEMI-SOFT

☐ SEMI-FIRM ☐ FIRM ☐ HARD

NOTES: _____

_____

CHEESE CHARACTERISTICS
(MARK AN X ON ARROWED LINE - LESS ON LEFT TO MORE ON RIGHT)

SHARP ————————————————➤

PUNGENT————————————————➤

EARTHY ————————————————➤

SALTY ————————————————➤

SPICY ————————————————➤

SWEET ————————————————➤

LACTIC ————————————————➤

LINGERING ————————————————➤

BUTTERY ————————————————➤

NUTTY ————————————————➤

TOASTY ————————————————➤

HERBACEOUS ————————————————➤

GRASSY ————————————————➤

———— ————————————————➤

———— ————————————————➤

RATING: ★ ★ ★ ★ ★   **BUY AGAIN:** __YES __NO

Notes

CHEESE NAME: _____

ORIGIN: _____

PRODUCER: _____

AGED: _____ **DATE:** _____ **PRICE:** _____

MILK:

☐ COW ☐ GOAT ☐ SHEEP ☐ RAW ☐ OTHER

TEXTURE:

☐ RUNNY ☐ SOFT ☐ SEMI-SOFT

☐ SEMI-FIRM ☐ FIRM ☐ HARD

NOTES: _____
_____

CHEESE CHARACTERISTICS

(MARK AN X ON ARROWED LINE - LESS ON LEFT TO MORE ON RIGHT)

SHARP ───────────────────►

PUNGENT ───────────────────►

EARTHY ───────────────────►

SALTY ───────────────────►

SPICY ───────────────────►

SWEET ───────────────────►

LACTIC ───────────────────►

LINGERING ───────────────────►

BUTTERY ───────────────────►

NUTTY ───────────────────►

TOASTY ───────────────────►

HERBACEOUS ───────────────────►

GRASSY ───────────────────►

_____ ───────────────────►

_____ ───────────────────►

RATING: ★ ★ ★ ★ ★ **BUY AGAIN:** __YES __NO

Notes

CHEESE NAME: _____

ORIGIN: _____

PRODUCER: _____

AGED: _____ **DATE:** _____ **PRICE:** _____

MILK:
☐ COW   ☐ GOAT   ☐ SHEEP   ☐ RAW   ☐ OTHER

TEXTURE:
☐ RUNNY   ☐ SOFT   ☐ SEMI-SOFT
☐ SEMI-FIRM   ☐ FIRM   ☐ HARD

NOTES: _____

_____

CHEESE CHARACTERISTICS
(MARK AN X ON ARROWED LINE - LESS ON LEFT TO MORE ON RIGHT)

SHARP ———————————————▶

PUNGENT————————————————▶

EARTHY ———————————————▶

SALTY —————————————————▶

SPICY —————————————————▶

SWEET ———————————————▶

LACTIC ————————————————▶

LINGERING —————————————▶

BUTTERY ———————————————▶

NUTTY ————————————————▶

TOASTY ———————————————▶

HERBACEOUS —————————————▶

GRASSY ————————————————▶

——————— ———————————————▶

——————— ———————————————▶

RATING: ★ ★ ★ ★ ★   **BUY AGAIN:** __YES __NO

Notes

CHEESE NAME: _____

ORIGIN: _____

PRODUCER: _____

AGED: _____ **DATE:** _____ **PRICE:** _____

MILK:
☐ COW ☐ GOAT ☐ SHEEP ☐ RAW ☐ OTHER

TEXTURE:
☐ RUNNY ☐ SOFT ☐ SEMI-SOFT
☐ SEMI-FIRM ☐ FIRM ☐ HARD

NOTES: _____
_____

CHEESE CHARACTERISTICS
(MARK AN X ON ARROWED LINE - LESS ON LEFT TO MORE ON RIGHT)

SHARP ————————————————————▶

PUNGENT ————————————————————▶

EARTHY ————————————————————▶

SALTY ————————————————————▶

SPICY ————————————————————▶

SWEET ————————————————————▶

LACTIC ————————————————————▶

LINGERING ————————————————————▶

BUTTERY ————————————————————▶

NUTTY ————————————————————▶

TOASTY ————————————————————▶

HERBACEOUS ————————————————————▶

GRASSY ————————————————————▶

———— ————————————————————▶

———— ————————————————————▶

RATING: ☆ ☆ ☆ ☆ ☆   **BUY AGAIN:** __YES __NO

Notes

71527076R00062

Made in the USA
Columbia, SC
26 August 2019